KINTSUGI

/O EL LIBRO DE LA DEFORMIDAD/

KINTSUGI

/O EL LIBRO DE LA DEFORMIDAD/

Alfredo Lozano

Valparaíso
EDICIONES

Número 436 de la Colección VALPARAÍSO DE POESÍA
dirigida por FEDERICO DÍAZ-GRANADOS

Diseño y maquetación: Chari Nogales
www.charinogales.com *@chari_nogales*
Imagen de portada: Marina Zakharova

Primera edición: septiembre de 2024

© De los poemas: Alfredo Lozano

© Valparaíso Ediciones

C/ Fray Leopoldo, 7 Bajo 18014 Granada
www.valparaisoediciones.es

ISBN: 978-84-10073-67-8
Depósito Legal: GR1260-2024

Impreso en España - *Printed in Spain*
Gráficas Gami

A Ameyali Altamirano y a Juan Pablo Tovar.

A mi mamá, Andy y Ger.
Toda la vida, siempre.

DARUMA

PREFACIO

Somos mosaicos,
tuvimos un jarrón, lo rompimos,
nos rompieron.

Retazos, pedazos de hilo para bordar,
y tenemos que entender aquella filosofía japonesa:
nuestros fragmentos tienen más valor.
Habrá que reconstruir nuestro jarrón,
dislocarnos, ser deformes,
desbocarnos para después alearnos.
Para eso tenemos cuerpo, para romperlo.

Entender que el pedazo que pusimos sobre la mesa
como fruto demasiado maduro
era semilla.

Todo en nosotros es orgánico,
somos un sistema más amplio,
no nos pudrimos,
no nos vaciamos,
no existe forma alguna
de que nos destruyan
en partículas elementales.

Por ello sentimos sequía y perdonamos
para esperar con calma los días de lluvia.

Por eso el mosaico ahora es jarrón:
la semilla que echa raíz.

II.

Somos diminutos.
Pequeños ácaros perdidos en cualquier superficie;
esporas en búsqueda del suelo húmedo y la temperatura
indicada.

Tanto polvo y tanta grava,
tenemos tierra en el ombligo
que quitamos con dulzura del ser amado
para después arroparnos.

Arena: pequeños gránulos,
caliza molida o cuarzo.

Fragmentos de otros seres más antiguos.

Somos moronas de un pan que se deshace en las manos
para después lanzarlo a las palomas
que buscan con excitación.

Hormigas que colisionan unas con otras
para compartir vórtices químicos.
Partículas electromagnéticas que suelen
adherirse a los abrigos.

Células, miles de millones de ellas,
que avivan a un ser superior,
y tanto y tanto en tan poca masa.

III.

Acompáñame al mar,
mojémonos con la intención de limpiarnos;
sobemos el ungüento sobre nuestros hombros
y seamos vaivén.
Tu nombre sabe a sal y es húmedo.
Nunca conocemos dos veces el mismo mar.
Eres oleaje y te navego.

UMAMI

I.

Antes creí que solo existían cuatro sabores:
ácido, amargo, salado y dulce.
Cada día nos descubrimos como alguien nuevo,
alguien distinto.

Recuerdo:
Cualquier círculo con una ligera perturbación,
por muy ligera que sea,
crea espirales...

Solo somos acrósticos que al juntarse generan sonidos.
Pongo tu nombre junto al mío y admiro.

Día a día, seres externos descubren primicias y datos
sobre nosotros mismos que desconocemos:
no podemos saber que tenemos cáncer
hasta que es demasiado tarde. Desconocemos nuestro
genoma y la composición de nuestros átomos. Somos
seres cambiantes, dinámicos.

Podemos enamorarnos en un santiamén.

Ameyali, nuestro amor es umami.

II.

Entre ajedrez nos amamos;
nuestro cuerpo eran piezas del tablero:
las piernas fueron alfiles entre diagonales;
los labios eran torres; los brazos, caballos,
nuestros cuellos eran peones que podían coronarse.
Los cuerpos se desnudan y se enrocan.
Hay un rey y una dama.

Momentos después, zugzwang, no hay retorno.
Cualquier jugada en falso genera una reacción en cadena:
todo es una danza, somos el río que se desborda
cauce abajo,
los primeros átomos que generan el sonido de la luz,
las primeras gotas de lluvia que caen en
un océano aislado.

Una sucesión de movimientos:
solo tú y yo, solo los dos,
nos entendemos en la estrategia de las miradas.

Jaque Mate.
En el silencio nos encontramos reflejados.
Tu piel me delimita, tu contorno me contiene.
Sujetas mi brazo como si fuera el último de nuestros días,
decides dormir a mi lado con la espera del fin de los tiempos,
quieres que me quede y quieres quedarte.

Concebimos un destino de sesenta y cuatro casillas,
pero el tablero es infinito, cada partida es distinta:
ligeras variaciones que conducen a reacciones en cadena,
más que treinta y dos piezas.

Temprano amanecemos dentro de nuestros ojos
y ya no hay bandos,
ya no hay movimientos, ni apertura, medio juego o final,
solo dos jugadores que desnudos se acarician.

III.

Nuestros cuerpos decidieron buscarse:
en un principio fue arritmia, después costumbre,
después lo llamamos burdamente amor,
ahora es sendero.

No nos conocemos ni a nosotros mismos
pero podemos dibujar besos en nuestras espaldas.

No es lo más importante conocernos.
Somos amorfos, disloques.

Te abracé antes de dormir y me sentí protegido.

PRIMERA PARTE:
SÍNDROME DE EHLERS-DANLOS

La palabra no describe un objeto
que no hay o no hay al final de la
parábola solo describe una parábola.
al final de la parábola hay un caballo
la palabra le cae al caballo lo parte en dos tres el caballo
colapsa se parte en dos en tres lo extermina.

MARIO MONTALBETTI

I.

El día que, en el Fuego, se desencajen sus rostros de dolor,
dirán: «¡Ojalá hubiéramos obedecido a Alá! ¡Ojalá hubiéramos
obedecido al Enviado!»

Alguna vez vi sus espaldas explotar como flores de cactus al recibir la flagelación en el ritual de Ashura. Fueron las púas en las cabezas de los tentáculos de un calamar que al raspar dejaban holoturias vivos. El dolor es soportable cuando se está en conjunto. La culpa por fallar es mayor que el dolor que puede sentir el cuerpo físico. ¿Qué es fallarle a Alá? Ahora, pensamiento palabra, tomo membrana y abro cuchilla.

A la edad de trece años, fui preñada. Pensamiento obra.

La tierra nos desfigura y todos somos tierra; con las caras hipertróficas nos saludamos. Culpa mía. ¿Qué es la infidelidad? Un día llegó, me amarró y mi hígado quedó traumatizado por sus puños. Los lagrimales estuvieron irritados por el humo que se desprendía de mis cabellos quemados. Mis hijos ahora son crías de infiel. Vi la redención entre sus manos. Palabra omisión. Estoy manchada por el camino de Dios. Con el azote y la piel colgando, después de la llaga que se abre, él se libera. Pensamiento obra.

Sacó el fertilizante y todos somos fertilizante. ¿Qué es la infidelidad para una infiel?

Me untó la cara con una mezcla terrosa. Todos tierra y de la tierra venimos. Nunca olvidaré el sabor de la mutilación. Todos los días durante el resto de mi vida.

Cumplid con vuestros compromisos,
porque se os interrogará por ellos.

Fui abandonada, mas no fui abandonada por la infiel. Paso mis manos por mi cráneo y desde mi ceguera percibo los bordes de galaxias: galaxias que se crean y mueren, ámpulas fósiles, estalactitas magras y cristalería epitelial. La piel se contrae, un oído derramado, los labios quemados, los dientes a la vista, injertos de pelo.

Cuando el marido le da de comer a su esposa, obtendrá una recompensa por esta acción. Observad las oraciones, que por cierto que Dios, Exaltado y Engrandecido Sea, cuando acontezca el día de la Resurrección requerirá al siervo, y lo primero que le preguntará es respecto a la oración, y si las presenta completas (será bienaventurado), y si no es así, será arrojado al fuego.

Fértil y fertilizante vienen de la misma palabra, yo me siento infértil. Obra pensamiento. Recuerdo mis ovarios estallar como tentáculos. A mis trece años abrió mis muslos y preñó, a mis diecisiete abrió las manos y dejó infértil. Soy un escarabajo cuyas alas tienen el doble de tu tamaño. Infiel de omisión y tierra. Siento mis huesos y mis cartílagos expuestos a las espinas del cactus.

II.

Los he visto fornicando en las playas más obscuras,
exhibiéndose mientras los niños posan.
Los he visto orinando las ceremonias,
dormidos entre plazas,
acariciando nativas.

Los he visto tragar su vómito,
naufragar entre psicoactivos,
engullir la comida local,
después abandonar los restos en los matorrales,
los he visto moralistas.

Los he visto musitar,
hablar en el dialecto de Buer.

Se escaman, se prenden fuego, muerden sus escápulas,
raspan su piel contra las piedras. Ellas se inclinan, alzan
sus caderas y esperan ser penetradas, hacen visiones con
sus sexos. Escupen en el síndrome de Venecia.

Los he visto tocar trombones hasta el amanecer
cuando los trabajadores salen a sus oficios.
Los he visto robar al arte,
generar estruendos con sus botas llenas de lodo
al danzar sandungas,

balancer las mazas en fila,
una encima de la otra,
ancladas en su nariz,
malabarear con aros y bolas
sus manos de medusa.

Los he visto implorar limosna al indigente.
Creen que tienen una insaciable necesidad de
reencuentro.
Los he visto apocar los dormitorios,
dejar al lugareño sin recinto.

Después chocan con las expectativas,
se desilusionan,
se suicidan:
síndrome de París.

Estamos en los tiempos del odio al turista.

Yo mismo he sido turista, le he fallado a mi apéndice, me
he llenado de lepra al acecho de contaminar mi entorno.

COLOQUÉ MI ASIENTO SOBRE EL MANUBRIO. SE DIBUJÓ UNA SILUETA: CABEZA DE TORO

III.

Mis ojos se vacían, se desbordan más allá de mis cavidades oculares, mis dedos se amasan en pinzas y figuras amorfas. Mis ligamentos son cobre cálido en un estado maleable. Saco mi hombro de su lugar, ellos babeaban, los veo jadear, es el júbilo de la indecencia. ¡Festín!

Después hay un sentir que va más allá del morbo, ellos quieren más, quieren que disloque mi cuello y que quiebre mis huesos, sus manos presionan mis articulaciones y doblan falanges. Los objetos se reducen a volúmenes y planos expuestos en diversas perspectivas hasta ser irreconocibles, les pido que paren.

Hay vísceras que no dejan de contraerse o espacios en blanco parecidos a ostras. Hay un vacío radial y ecléctico entre las miradas de dos retardados que buscan cubrirse los ojos y dejar pequeñas comisuras entre sus dedos de donde puedan seguir presenciando la desarticulación y el desdoblamiento.

Doblaba el brazo y se salía del sitio. Mis rodillas eran parábolas al tirarlas hacia atrás. Tenía el don de las coyunturas elásticas, a la mínima provocación, un salto.

Síndrome de Ehlers-Danlos. La piel me colgaba
como las ubres de una vaca orgullosa de sus becerros.
Interminables problemas con el colágeno. Fui hasta
Chile, después de varios fracasos, a encontrar un
diagnóstico. Llegué a la Patagonia para encontrarme con
una enfermedad poco común.

Y he cambiado y he dejado de ser pero soy yo misma, y
cuando me prohibieron subir montañas fue lo primero
que hice, mi útero es estrecho y mis huesos no serán
capaces de soportar un hijo. Aun así encontré un
hombre que me amó a mi medida, con mis ligamentos
poco ortodoxos o con mis clavículas sobresalientes.

Me acompañaba en mis pasos lentos al recorrer las
orillas de las lagunas y al subir, cada quien con nuestras
mochilas de viaje, el sendero que nos llevaba al
teleférico.

Aún así bailaba los ritmos y mi cuerpo se contorsionaba
y pude sentir la sexualidad de sus muslos sobre mis
caderas, con quiebres que hacían resonancia en su sexo.

Por las noches y algunos días mis huesos hacían sismos y
los apretaba con compresas hasta el punto de quiebre o
los sobaba con aceite impregnado en marihuana.

No fueron los festivales de varios días donde las bandas
de rock incitaban al slam y todos éramos partículas que
chocan y rebotan entre los límites y donde mis piernas
no aguantaban mi peso durante tantas horas de pie. No

fue mi pelvis al sentir la contractura de las clases de yoga o mis brazos oprimidos de tanto abrazar. No fueron mis piernas sujetas al vaivén de la marea después de horas de nado o mis estrechos pies completamente estirados al sentir un orgasmo. No fue el bastón, y que en la cima de mi vida estuvo la artritis, degenerada. No fueron, fui.

IV.

Tracé una línea en el piso y la extendí:
primero fue un ångström, una micra,
un palmo, un codo,
dos o tres cadenas,
decámetros,
un estadio, varios;
algunas millas náuticas,
un grado de latitud,
la distancia lunar,
una unidad astronómica, un día luz.

Si el universo se expande o se contrae
no resuelve mi duda.
¿Podré dar la vuelta completa?

Ahora me dedico a medir y vagar.

Soy el *Voyager 1* en búsqueda del filo del sistema solar,
The Sounds of Earth, una botella lanzada al mar.
Las lenguas que se curvan al rozar los toroides,
los sonidos del volcán y las ballenas.
El beso, la madre y el niño.

Across the Universe. Jai guru deva om. Jai guru deva om.

Deambulo.
Estoy condenado a dibujar,
una y otra vez,
todos los amaneceres.

A Graciela Iturbide

SOY LA NIÑA QUE RECIBIÓ
SU PRIMERA COMUNIÓN EN CHALMA,
EL TALAVERO Y EL HORNO QUE ARRULLÓ EL PAN.

SOY EL SALAR DE UYUNI,
Y AUSTRALIA CON VIENTO EN CONTRA.
TAMBIÉN SOY LA MIRADA DE UNA NIÑA SOMALÍ,
LA COMIDA QUE ME OFRECÍAN LAS TRIBUS
DESHABITADAS.
FUI YO QUIÉN HICE EL AMOR A UNA CUBANA.

SOY DISTINTOS TONOS EN LA PIEL DE UNA CHICANA,
LOS PÁJAROS QUE SON OJOS EN UN AUTORRETRATO.

CARRUSEL, JANO Y MATANZA. EL MAESTRO
GEÓMETRA,
EL PETATE Y DECENAS DE MUSLOS Y CHAMORROS
SOBRE ELLOS.

SOY UN TORO RODEADO DE PALOMAS EN JAIPUR,
RAJASTÁN.
LA ESTRELLA DE MAR QUE SE APODERA DE LA CARA
DE ALGUNA NIÑA.
TAMBIÉN LOS MONOS Y LAS PALOMAS EN AMBER.
EL NIÑO A UN COSTADO DEL CADÁVER
Y LOS PÁJAROS QUE SON ESPINAS EN ESPACIOS
BLANCOS.

NUESTRA SEÑORA DE LAS IGUANAS. NA' LUPE PAN.

SOY LOS PESCADOS EN LAS MANOS DE UN HOMBRE
JUCHITECO
QUE SALE POR EL BORDE DE UNA VENTANA.
LA VENDEDORA DE ZACATE Y EL PRIMER DÍA DE
VERANO.
EL BLANCO CORDERO EN SACRIFICIO Y LA ANCIANA Y
SU CIGARRO.

SOY DOS GALLOS DEGOLLADOS QUE ESCURREN
PLASMA SOBRE UNA PARED BLANCA.

VI.

Lo más cercano que conocía a la penetración
era el paso intermitente de los escarabajos por mi vulva:
entraban, daban vueltas, succionaban el polen,
abrían sus alas y salían volando.

EL FUEGO ABRASARÁ SU ROSTRO;
TENDRÁN ALLÍ LOS LABIOS CONTRAÍDOS

VII.

Siempre camino por las hipotenusas: cruzo por
diagonales y recuerdo
que siempre es el camino más corto;
siempre, sin importar los catetos.

Decido bañarme tres veces porque es un número primo
y un número de Fibonacci. Mi piel es protegida por una
delgada capa de jabón.

Brinco entre las losas, de ladrillo en ladrillo, sin tocar las
intersecciones.

Recuerdo que si la temperatura del café es mayor o igual
a la temperatura exacta y a su vez es menor o igual a
la temperatura exacta entonces está en la temperatura
ideal.

Voy analizando posiciones de ajedrez en mis trayectos en
el metro, tratando de memorizar las estaciones de cada
línea del subterráneo.

No puedo estrechar la mano de un desconocido. Odio

que me toquen.
Siempre seguía la misma ruta hasta que un día
decidí cambiar. Adaptación, el ser humano es un ente
adaptativo.

Variar es agresivo.

Con los algoritmos conocidos obtengo resultados
similares. La vida es una constante, una planicie.

Nunca un jabalí ha sido regurgitado por una vaca.
Me da pavor ir al médico y que me examine con sus
manos llenas de gérmenes.

Odié cuando mi pareja me obligaba a hacer cosas que no
quería. Todo está lleno de ligeras variaciones, los ciclos,
las mareas.

PODÍA VER LAS CICATRICES EN EL CONTORNO DE
MI ROSTRO, CADA PUNTADA, CADA CRUCE UNIENDO
LAS DOS PIELES. PODÍA VER MI REFLEJO Y SONREÍR.
AUNQUE ESE ROSTRO NO ERA EL MÍO, AHORA ES UNA
EXTENSIÓN DE MÍ.
RECUERDO LOS HUESOS DE MI ROSTRO COMO
GRÁNULOS DE SAL EN UN MORTERO, MIS PÓMULOS
HUNDIDOS DENTRO DE MI CRÁNEO, MIS LABIOS
QUEBRADOS EN UN CALEIDOSCOPIO, MIS OJOS
LLENOS DE QUISTES Y NODOS, MI MANDÍBULA
DESPLAZADA EN LA PROFUNDIDAD DE MI TRÁQUEA.

"PARA PROTEGERLE LOS OJOS LE HAN SUTURADO
LOS PÁRPADOS. EL TECHO Y PISO DE LA BOCA Y
LA NARIZ FUERON REEMPLAZADOS, LA LENGUA
NECESITÓ RECONSTRUCCIÓN. EN LUGAR DE
INTRODUCIR LA CARA EN UNA SOLUCIÓN CLÁSICA,
SE USÓ HEMOGLOBINA DE GUSANOS MARINOS PARA
RETENER EL OXÍGENO".

YO SOLO QUIERO VOLVER A LAMER.

SEGUNDA PARTE:
DANZANTES DE BAUSCH

COLEÓPTEROS

I.

Cordero de Dios,
dicen que somos bóvidos, corderos,
colocaba mi dedo meñique
entre las tenazas de los artrópodos,
sentía la resistencia de mi cuerpo a ser destacado,
la fuerza aplicada a mi piel
mis capilares ceden,
escurro.

II.

Dejaba que las hormigas recorrieran mi piel
para después presionarlas con el índice y el pulgar
y cambiarlas de sitio:
a veces sobre las palmas, a veces sobre el empeine,
a veces sobre los omóplatos, a veces...
De niña colocaba lombrices en mi clavícula
para sentir el arrastre;
las catarinas se perdían entre mi pelo rizado.
Alguna vez dejé un quilópodo caminar por mi pubis,
y coloqué caracoles sobre mis pechos para ver
En mis pezones el rastro que deja su avance.
Los escarabajos eran mi fascinación,
abría mis labios y los colocaba con ternura,
dejaba que caminaran dentro de mí.
En la oscuridad hay un disloque:
sentí sus alas abrirse enmedio de mi sexo
llegaban de punta a punta,
escuchaba el zumbido del abandono
aletear, partir.
La mantis reposa en mi espalda.

III.

Mi abuela decía que todos los hombres son iguales.
Mi abuela no me amaba, dentro de mí veía a mi abuelo.
A mi madre le agobiaba mi situación,
desde pequeño buscaba liberarme y soltar.
La primerva vez que sentí mi sexo hinchado
dejé de ser visto.
Cerca de la casa de mi abuela sembraban lavandas,
de ahí partían…
las veía venir, penetrarme, mi piel se enmudece.
Solo somos seres que se inflaman,
a mayor hinchazón mayor sensibilidad.
Dejaban sus aguijones y yo las pasaba por mi boca,
por mis dedos, por mi sexo,
las pasaba por mis órbitas, mis muslos,
tenía febrícula y un sin mí.

IV.

La consagración de la primavera,
inmolan tambores aborígenes y ruidos primitivos,
es el rito de la supervivencia, el oleaje de las razas:
entre dientes se desgranan los músculos,
las uñas se desprenden al hundirse en las mejillas,
hay saliva en la boca ajena, muslos opresores de quijadas,
omóplatos que se abren para otorgar el vuelo.
Aprietan las caderas, los cuerpos
se comprimen en un solo punto,
bajo el cúmulo doble de Perseo se violentan
los brazos percudidos.
Son danzantes de Bausch, perecederos.

V.

Succión no penetración,
metí mi cuerpo dentro de una bañera
saturada de peces koi.
La boca de un pez es un órgano sexual,
la boca de un pez florece,
hay un movimiento oscilatorio
entre el exterior y el interior de un pez,
hay un flujo, dos presencias de vacío,
hay un exterior dentro de la boca de un pez,

la succión alrededor de mi cuerpo,
y el orgasmo.

CETÁCEOS

I.

Quise vaciarme.
Por las noches existen supernovas sobre la piel de un cetáceo,
inmersión, mi cuerpo desnudo se inserta en el mar,
la oscuridad me estruja a mayor profundidad
como galaxias,
siento su presión sobre mis poros,
y el entorno se asemeja a la nada.

De pronto lo vi, omnipresente,
un ser mitológico cubierto de látex,
pez luna.

Deforme, pegaba mi cuerpo a sus hendiduras,
todo cubierto de cera,
un aceite gélido marcaba el contorno,
yo quise difuminarme,
pase la mano por debajo de sus aletas
y no había separación entre nuestros cuerpos.

El alba es el momento de la reproducción,
hubo menguante, dos lunas se eclipsan.

Yo lo vi y quise vaciarme.

II.

Los machos se tumban,
ellas les cogen el sexo con ambas manos:
se autopenetran, de los vientres salen bóvedas celestes.
Las hembras se esparcen, desgajan la pelvis, criban,
en la ciénega flotan resinas y el suelo las propaga.

Ronronear, macerar, gorgotear serendipias:
con carne y plasma abonan los agaves,
los seres tienen respiraciones pausadas,
el pulso se agita y se quebranta.

III.

Finjo que duermo,
escucho como sus cuerpos desmembrados se buscan,
he de fingir dormir,
sin extremidades, se aproximan,
intento no escucharlos.
Recuerdo a mi tío llegar al cuarto,
o
recuerdo a mi madre sollozando y a mi padre entrar a mi
habitación.
Yo fingía.
Recuerdo a mi abuelo cuando depositaba
las monedas bajo la almohada
como intercambio de mis dientes de leche,
recuerdo el olor de mi pareja a media noche
llegando de un motel.
Recuerdo las risas de mis crías, abriendo mis ojos,
buscando la mañana.

TERCERA PARTE: CABEZA DE TORO

I.

Todos estiran la piel y la capa grasa que hay debajo de ella desde el tórax hasta la región cervical. Todos con sus manos dentro, llenas de grumos, tejido, grasa o sangre. El cuerpo parece un recipiente congestionado e inerte, cuya tensión superficial está a punto de romperse para derramar el pastoso turrón. Los intestinos y el estómago se exhiben como muestras gratuitas en un supermercado: llenos de larvas, a espera del consumidor. Las moscas se posan por momentos tenues y lamen un poco de sangre, después revolotean y vuelven a hacer lo mismo. Ciclos y turnos. Las moscas son bucles.

Estábamos en el cuadro de Soutine más realista. Era un pacto de silencio, un homenaje. Los músculos sujetos a la tensión de las primeras falanges, los más próximos. Eran once personas sujetando el corazón de un ñu. Migró, atravesó frontera: ahora, destazado. Sus extremidades tenían el peso de una persona obesa.

Se prendió fogata, cenó la tribu.
Migrar por lares desconocidos resulta ser peligroso.

II.

Cuando el tecolote canta el indio muere.

Debajo de casa lo enterramos como pidió la abuela. Debajo de casa para que no se escape a la casa chica. Prefiero que su espíritu roya como rata, prefiero que mastique maderas y escarbe tierra antes que se vaya con otra mujer. Como pudimos hurgamos y esparcimos las cenizas. Mi abuela lo odiaba desde hace muchos ayeres. Con ese odio dejó que se fuera con otra. Mi abuela no entendía de amores adúlteros; ella supo que el matrimonio era lo que le tocaba vivir, que su acuerdo era eterno y cuidar a sus hijas era prioridad.

Mi abuelo fue cosecha. Fue milpa y agave. Por eso llegaba a casa con el olor a licor, por eso se sentaba en la mesa y pedía sus tortillas al vapor para untarles frijolitos. Cada tarde llegaba a destiempo y se podían escuchar en sus pasos las fichas de dominó. En La Raquelita se iban a vaciar las gargantas y remojarlas en pulque.

Me obligaron a olvidar a mi abuelo el día en que se fue.

LAS ATALAYAS SON TUMORES QUE DESARTICULAN LAS CAJAS DE RESONANCIA

ME OBLIGARON A SUBIR. TENÍA MAL DE MONTAÑA Y POCA LUCIDEZ: MÁS ALLÁ DE LAS NUBES BLANCAS, ALLÁ ÍBAMOS. CAMINABAMOS Y MIS PIES SE AMPOLLABAN, SENTÍA LIGEROS CALAMBRES EN MIS PANTORRILLAS, CLAVOS INTERNOS Y EL DOLOR DE CABALLO ME DOBLEGABA CADA TERCIO DE HORA. ERA LA ELEGIDA. MIS PADRES SENTÍAN ORGULLO DE QUE A MIS QUINCE AÑOS CON EL HIMEN EN MI ENTREPIERNA FUERA OFRENDADA. POR LA ALTURA DESVARIABA Y MIS PULMONES SE CONTRAÍAN. ME DIERON PEYOTE Y AYAHUASCA. DESPUÉS, SACARON OBSIDIANA Y CON CORTES FINOS DESOLLARON MI PIEL. SENTÍA LA CONEXIÓN CON EL DIVINO. ROMPIERON MI VIRGINIDAD, SACARON MI CORAZÓN Y LO OFRENDARON A LOS DIOSES.

LLENA DE ADRENALINA SENTÍ QUE MI FLUJO SANGUÍNEO CONTINUABA CON MI ESTADÍA. MI MIRADA NEGRA SE PERDIÓ: FUE FALSO; NO HABÍA NI UN SOLO DIOS.

LA DEFORMIDAD SOLO ES NOTORIA
DESDE LA EXHIBICIÓN

III.

Una mujer llora abrazada a sus piernas (sus piernas que todavía están unidas a ella). Era una mujer delgada con el alma desplomada sobre el techo de un edificio robusto de tres miserables pisos, que todavía conservaba los tapetes de bienvenida en las puertas de los departamentos y cuyo techo sostenía un tanque de agua y otro de gas, ambos erguidos. Era una mujer entallada en su cuerpo, desflemada de tanta saliva sucia y tanto polvo. Eran sus piernas y su nuca las que recibían el calor de los rayos de un sol de mañana, después de pernoctar en largos silencios deshonrosos y bombardeos que le agitaban el tímpano y la dejaban sorda a ratos. Era una mujer con músculos limítrofes, tiritando pese a que el sol calentaba su nuca y sus piernas; aunque el calor no le suba por los pechos y haga que inhale más polvo. Tiembla porque no existe otra forma que no sea temblar. Era un edificio, o era ella, erecta de un entorno derramado. Era un silencio, o era ella, sobreviviente y miserable, sinvergüenza de ser un número positivo y de sentir calor sobre estacas y largas piletas de agua y gas, ambas erguidas, sostenidas por varillas estropeadas, cuando su entorno eran añicos y escombros. Era el hambre, o la parálisis, o el horizonte o fue ella, sobreviviente. Un edificio erguido, el único a la redonda, expectante del estallido y las piernas dislocadas y el vientre en la garganta y el deshuesadero y la ansiedad y la humillación y el frío.

ALGUNOS PECES LENGUADOS
HAN MIGRADO SUS OJOS,
DE IZQUIERDA A DERECHA,
EN UN PASO LENTO A TRAVÉS DE SU VIDA

CUARTA PARTE: JHATOR

...jugar al búfalo o jugar al hombre.
Todos estos animales se hacen los muertos
para sobrevivir. Algunos cíclidos (cichlidae)
emulan con sus escamas carne
en descomposición. Cuando otros peces se acercan
para comer la carroña,
los cíclidos los toman desprevenidos.
El ataque es extraordinario y letal
porque está asistido por el engaño.

ALEJANDRO TARRAB

I.

Tomaron mis sobacos y me arrastraron.
Hicieron un amarre entre el cúbito y el carpo,
aproximaron mis tobillos, destrozaron mi peroné.
Podía ver cómo sus pisadas se difuminaban
con mi arrastre,
éramos un cardumen de mil rostros compactos,
era yo un ovino destinado a
una cocción lenta en la tierra.

II.

Me ofrendan.
Han cargado el disloque hasta la punta de la montaña.
Dejan caer la médula sobre el lodo y
las pequeñas piedras en el suelo se sienten como llagas;
con finas navajas empiezan a raspar mi cabeza,
cada poro se exhibe como mantra sonoro,
limpian la curvatura, cercenan cada vello,
mutilan mis dientes, extráen mis cejas
y jalan mis uñas hasta arrancarlas.

III.

Cortan la punta de mis dedos,
aquella punta donde todavía no existe hueso.
Exponen la carne como un mensaje ambiguo:
¿es el cuerpo la definición?
Separan la vestimenta que me cubre,
no siento frío, solo ausencia,
estoy inmóvil en el horizonte.

IV.

Drigung Til.
Los sacerdotes cortan la pulpa,
desollan el verbo,
las cuchillas del látigo se encajan en los
bordes de mis costillas,
se escucha la espada que abre mi dermis,
amputan mi vientre, me perforan,
vacían la sangre desde
mi costado en un enorme cuenco plateado.

V.

Los músculos cuelgan sin tensión superficial
mostrando el tejido adiposo;
el sonido del destazamiento nos abarca.
Se concibe la hendidura cuando se llega al órgano:
resuena el metal al pegar contra el hueso
e indica el final del corte.

VI.

Me ofrecen a los buitres:
Jhator, entregar el alma a las aves.
Sus garras generan desiertos,
compartimos el instinto, la necesidad y el quiste:
somos el mismo animal, nos pertenecemos.
Siento la succión del tendón, la trituración del cartílago,
escucho el gañido y bufo.

VII.

Nuestra visión occidental de lo deforme:
enderezan mi semblante hacia la atmósfera,
la desarticulación se pronuncia
mientras la torcedura se desvanece.

Vi mi rostro y me fui ajeno.

VIII.

Frente a mí, mis familiares veneran,
mi madre llora al verme triturado,
desvía la mirada de su rostro disimétrico,
observan el desgarre pero nadie hace nada.
¿Seré yo el desfiguro?
Sucede un rito que contiene silencios confusos,
una ligera perturbación que se desplaza de este a oeste.

IX.

Los sacerdotes silban el desgaje y obsequian al sistema mi latir;
las aves aceptan el trueque; todos somos el entorno.
He cambiado mi geometría, soy un pisador de turbas,
la lengua de un manatí, de mi boca solo salen
marismas y bronquios. Todo es un bullicio de cicatrices.
Ahora, el centro del universo anclado a mi peroné;
estoy en el punto del derrame.

X.

Un vestigio carmín queda pegado a mis huesos,
toman mis restos y los arrastran por el fango,
ahora soy el homoplato quebradizo de cualquier rattus,
tronchan mi fémur entre hachas y piedras,
no dejarán que me calcine, hacen un plasma,
me juntan en una pasta de calcio,
bajan catártidos,
engullen
y titubeo.

QUINTA PARTE: ASIMETRÍAS FAMILIARES

Miles de preguntas chocan contra mis ojos desde adentro.
Mi madre está estudiando su lechuga.

ANNE CARSON

I.

Se marchó y yo desnudo. Atrapado en este cuerpo delimitado, el sudor parecía manchar mi piel como las burbujas que rompen la monotonía del agua antes del hervor. Mi ingle estaba roja de tanto roce con mis muslos. Mi costado lacerado y mis manos con llagas parecidas a las marcas que dejan dos clavos antiguos. Todo converge. Sentía el semen seco entre los pliegues de mi abdomen. Se marchó y yo desnudo, tocándome, pensando en aquella noche y aquel cuerpo que me es ajeno. Desnudo y definido por pliegues y coyunturas. Descalzo, corroía con los pies el entorno y me parecía distante. Era una masa amorfa en un contorno limítrofe. Era una masa de lípidos y glándulas, atrapada en un contorno lacerado.

Recordé cómo mis familiares se quebraban: parecían plástico al entrar al contacto con el fuego, se doblaban y eran manchas. Me quebré, yo humano. Fui un enlace covalente que se quebró formando un átomo inestable.

Fui el grano de maíz que se entibia y desprende agua volcándose en sí mismo. Mis dedos se hinchaban por los piquetes de abejas subcutáneas. Mis manos parecían falanges de ornitorrincos.

Era un disloque contraído en un solo punto, habitaba un solo sitio con densidad infinita. Nunca pensé en serme ajeno. Recuerdo a mi tío, hiriente, alcohólico, poco lúcido. A mi padre que, en cuclillas, se quebraba solo por ser persona. Recuerdo las ceremonias antiguas y mis pies dodecaedros: todos en el piso, bufando, el temazcal y mi familia liberándose. Liberándose de ser. Liberándose de ser delimitados. ¿Es mi desnudez lo más semejante a mí mismo? Acotada, contenida. Ahora soy imperfecto, no regresaré a ser el mismo.

II.

Por mi laringe circula un plasma de tierra, sudor y saliva.
Mi boca tiene un sabor a carbón y silicio. Puedo imaginar
las bacterias y los microorganismos impregnados en la
parte interior de mis labios, puedo imaginar sus comunas,
sus hogares y su necesidad de reproducción exponencial.
Intento hacer un buche incompleto con lo poco de agua
que me queda: inservible. Ahora tengo sed y mi nariz
está atiborrada de arcilla. Cada día me parezco más a él.
Mi padre recorría el mismo camino de regreso a casa y
llegaba todo polvoso, nos evitaba el saludo después de
esperar tanto su llegada. Enfermos y raquíticos rechazaba
nuestros brazos que buscaban rodear. Entonces sin esperar
a que el agua estuviera caliente se bañaba y al salir dejaba
huellas de lodo por toda la regadera. Podíamos ver los
patrones entre el lodo y el suelo mojado, como aquellos
tatuajes tribales tan de moda en el pueblo que habito.

Ahora regreso, tarde tras tarde, pero con un humor
menor que el que tenía mi padre, a la espera de mis hijos.
Cada día me parezco más a él; condenado al repudio que
le tengo, veo sus ojos en los míos. Mi semblante curvo y
secante se parece al suyo. Cada tarde llego a casa y tengo
el olor al bar más cercano y a la mujer ajena; entonces
arrastro el poco dinero que me queda sobre el polvo para
llegar a vaciar mis bolsillos sobre el polvo de la mesa que
habita en la casa heredada que trae consigo la herencia de
ser él.. Enfermos y raquíticos, así veo a mis hijos, llenos de
gérmenes, famélicos y odio verme reflejado en ellos. Mis

hijos crecerán y sé que se parecerán a él, y a mí, al paso de los años. Curvarán su temple y serán secantes, hombres terrosos con el calor en la frente y el inevitable sudor que desciende por su nariz y las mejillas para juntarse con su saliva y generar el lodo en sus bocas: festín de arañas y ácaros.

SOMOS UN CAMINO CONTINUO A LA DEGRADACIÓN.

III.

Mi padre nos obliga a quererlo. "La familia es el núcleo", argumenta. Alza la voz y balbucea algunas cosas sobre el amor incondicional al padre. "Está bien no querer a la familia", por las mañanas intento repetir ese rezo sin éxito porque mi cansancio no me deja argumentar. Mi padre nos obliga a besar a los abuelos, cuando las tías me abrazan siento miedo. Después de varios escupitajos en la cara emitidos por las bocas de mis primos decidí no quererlos más. "La familia ante todo", pero abandoné a mi familia y fui en búsqueda.

Mi mejor amigo tiene una familia grande, son cerca de cien individuos que se juntan cada Navidad y bailan como péndulos. Él consume tantas horas dando vueltas por sus espaldas que me es difícil comprenderlo. Las familias grandes me abruman.

Cuando se fue a estudiar lejos regresaba por periodos de quince días aproximadamente, quince días donde tuve que compartirlo con sus cien familiares sin entender el porqué.

IV.

¿Qué es una medusa?
De *Medusa*, por la cabellera.
1. f. Una de las dos formas de organización en la alternancia
   de generaciones de gran número decelentéreos
   cnidarios
   y que corresponde a la fase sexuada,
   que es libre y vive en el agua.
   ¡Hermafroditas libres, sexuadas!, replicabas.

Su cuerpo recuerda por su aspecto acampanado
a una sombrilla con tentáculos colgantes en sus bordes.
Sinapsis de radiación gamma:
entre dos átomos
 hay un vacío obligado, hay una nada entre dos labios
que se tocan.
Un cero absoluto entre dos seres que se aman.

¿Qué es?
Cuerpo vacío o ser sin forma.
Enjambre y marabunta de flores.
Azúcar que se cristaliza.
Punto de congelación, cambio de fase.
Tu corazón es una medusa
y se empuja de manera desordenada,
va siempre hacia arriba, alrededor de tu caja torácica.
Tu cerebro está lleno de pequeñas cebollas que
echan raíces y estrellas diminutas como las medusas
milimétricas que nadan indefinidamente por las peceras
que las guardan.

Pequeños impulsos entre amantes que viven en una
solución semidensa y acuosa.

Las vimos en el acuario; ellas se expanden y se contraen:
son pulmones.
Después de verlas por horas
decidimos crear vacíos entre los diálogos.
¿Qué son?, te preguntaba.
Son agua. ¡Sexuadas!
De *Medusa*, por la cabellera.

Impulsos.
Transformada de Laplace y potencial de acción:
generamos impulsos eléctricos entre las miradas,
tu cerebro es un mandala,
tu cerebro es un líquido que se solidifica,
tu cerebro es una célula excitable que se despolariza más
allá de cierto umbral,
tu cerebro es agua y pequeñas cebollas que echan raíces
y florecen.
Tu cabeza descansa sobre mi hombro,
y recordamos los tiempos donde el sentir eran seres
acuáticos,
y se creaba un cambio de presión entre nosotros:
principio de Bernoulli entre los cuerpos navegantes.

Todo empieza y todo acaba
como un universo que se expande.
Es por ello que algunas galaxias tienen nombre de animales
y el telescopio Hubble es un *voyeur* de cuerpos celestes.
Es por ello que el universo es silencio y vacío.
Solo se escucha a lo lejos el motor de una bomba de agua.
Todo vibra y el universo se expande o se contrae:
es un pulmón. Tal vez las galaxias que son espirales o remolinos
sean átomos y entre ellos haya un vacío
o sean neuronas y entre ellas, sinapsis.

Escuchamos a lo lejos los guías del acuario recitar sus
máximas:
—La aguasvivas son radialmente simétricas.
—Hay fósiles con más de quinientos millones de años.
—Al cortarla a la mitad pueden regenerarse ambas partes.
—Ligeros fantasmas que en algún momento
viajaron al espacio.
—E incluso pueden medir más de 30 metros.

¡Tantas propiedades para cuerpos amorfos!
Somos pólipos o flotamos a la deriva, dije.

—¿Qué? —Me preguntabas al salir y ver los copos de nieve
caer sobre la ciudad.
—Es raro que caiga nieve sobre la ciudad, replicas,
¡eso son!
Juntamos nuestros tentáculos y nematocistos y fuimos como
en todas nuestras citas por un agua de horchata.

TENGO GANAS DE LLORAR HASTA QUE
MIS OJOS SE DISUELVAN EN AGUA.

V.

A mis tres años, padre se fue a cruzar la frontera para
nunca volver.
Con tan poco tiempo que tuve para mirarlo no recuerdo
su rostro.
A los siete años, mi hermano también se fue o fue en la
búsqueda del padre.
A los siete años mi hermano me degolló.
A los siete años cambié mi papel al de hombre de la casa.
Tuve que cargar las bolsas que llevaban las legumbres y
las tortillas que nos obsequiaba mi madre.
Éramos polluelos y simultáneamente adultos.
Aprendí a cocinar a quemazones para que mi madre se
fuera por dinero.
Cuando mi hermano de seis meses se asfixió fue mi
culpa. Cuando a mi hermana la violó el vecino del cuarto
ocho de la vecindad fue mi culpa.
Yo no sabía ser el hombre de la casa.

A los once años fui a buscar dinero en un pueblo,
a los trece robé, a los quince migré.

COMO LA PIEL QUE SE QUEDA PEGADA A UN METAL
MUY FRÍO O COMO EL CONTACTO DE UN PLÁSTICO
CON EL FUEGO QUE NO PUEDE SOLTARSE MÁS.

VI.

He pisado una serpiente
hasta romperle las vértebras,
como reflejo se afianzó a mi astrágalo:
yo moriré, ella también. Cerramos el ciclo.

Somos números. Individualmente nos extinguimos.

VII.

Mi madre cree en un dios misericordioso,
yo creo en la carne,
meto mis manos en la carne molida para unificar el pan
sumergido en leche,
la sal, el huevo y la cebolla.
Yo veo un ser natural violento,
hace algunos días vi la fotografía
del cadáver de la cabeza de un zorro,
por su ojo emergía una flor,
la naturaleza no entiende de entierros.

Estoy en casa de Tita, la recuerdo.
Mi madre espera reencontrarse con algo de ella después
de su muerte,
optimizamos muy poco,
es necesaria la risa
para desentumir la garganta.

Ver el fin de lo conocido
es melancólico.

Aprender a soltar.
Apego.
Apego a la vida,
apego a la vida de las demás personas.

Constantemente lucho con ello.
Perdimos las autorregulación,

somos depredador y depredamos.
Necesito crear vómito y tirito.
La humanidad es tan frágil,
no vive el hombre que ha pisado la luna,
no viven los hombres radioactivos,
conquistadores de galaxias,
genómicos, solo fragilidad.

Nadie tiene la cura.
Mi hermano y mi madre no dejan de fumar.

Voy a morir primero o tal vez ellos o tal vez nadie.
Esto es una ruleta rusa
en donde estamos los tres y nadie escapa de su turno.

Y pasamos el cuerpo en dolo al siguiente familiar,
y le pedimos que jale el gatillo.
Morir tampoco está mal,
librarte de todo.

LA ARENA TIBIA SE DISTRIBUYE ENTRE MIS PIES
COMO UNA *POISSON*, COLOQUÉ MI TRAJE DE BAÑO
SOBRE EL CAMASTRO Y DESNUDO ME ACERQUÉ A LA
ORILLA PARA NO VOLVER.

EPÍLOGO

A Guillermo Olicón

I.

Conozco un amigo inglés que cada noche se sienta en el muelle
donde finaliza el pueblo de Ajijic y tararea una canción vieja.
What would you do if I sang out of tune? Would you stand up
and walk out on me? (Los manatíes quedaron encerrados en el
lago y los lugareños decidieron cazarlos por confundirlos con
jorobados y sirenas).

Puedo
lavar mis ojos con manzanilla,
ganar un Nobel, no ganarlo;
amamantar mis personalidades en público,
traspasar membranas con puntas minerales,
ser irregular, dislocarme.
Llorar en los funerales ajenos aunque me sea
completamente indiferente,
tener amantes e incluso días en los que me acuesto con
    más de dos,
penetrar uno por la mañana, otro a mediodía y otro
    por la noche.

Puedo alterar oscilaciones, desbocar mis prendas
    favoritas, lamentarlo,
cortar la cabeza al hijo, no lamentarlo.

Tengo reflujo, inevitablemente anciano.
Me cuido del cáncer de piel para morir de cáncer sublingual,

aprendo lenguas foráneas, pero hago el amor en
silencio.
Lavo obsesivamente los trastos,
y puedo ayudar a mis familiares a enterrar a mis abuelos
para después enterrar a mis padres.

Los dientes de leche se caen afuera de las iglesias,
y me concibo amorfo, desproporcionado,
uno ojo más grande que otro, la boca caída,
falto de ceja, ojeroso, me desconozco.

Confío nuestras vidas a los conductores de autobús,
viajo alrededor del mundo y no conozco a mis vecinos,
soy parásito y succiono.

Después viene el suicidio.

Me enamoro en la primera cita,
pasan los años y olvido lo que se siente ser amado,
me he masturbado delicadamente
mientras mi pareja dormía.
Pago a extraños para que me toquen la espalda,
no puedo tocarme la espalda.
Los traiciono.

He visto a una mujer arropando por las noches a varios hijos
que no son los suyos, les besa las frente como si fuera su madre
y los arrulla con canciones en dialectos antiguos. Su llanto es el
ruido. El ruido deforma silencios.

Me he doblado en clases de yoga,

me he doblado no solo en las clases de yoga.
He disecado bacterias. Migramos.
En un pasado salé la sopa,
esperé sentado la recuperación de un enfermo,
doné mi tráquea,
bequé, fui becado,
ayuné.

¿Es esto todo?

Sentí mi sexo hinchado, irritado,
me jubilé, me divorcié: dividimos los bienes y los hijos.

He puesto compresas calientes sobre mi útero,
he quemado mi piel, he vivido de ámpula,
me he destazado,
he menstruado palabras y versos cada interlunio
y siento el pudor del sexo durante el transcurso
de esos días.
Compro territorios para no habitarlos,
me lleno de ritos,
niego a quién me quiso,
después consumo personas y leo cosas que me hacen llorar.

Llevo el celular al sanitario.
y vacío mi basura sin separar; pepeno.
Me he hincado para rezar y me he flagelado
con las hebillas del cinturón
y me pregunto, ¿qué hay de malo en morir?
Tengo ataques de ansiedad y vivo solo
aunque esté acompañado.

*Un andrógino entró al mar a medianoche para nunca volver a
salir; ahora es tortuga y las tortugas gimen cuando desovan.*

Toda espera termina por cansar
y he deseado que mueran mis enfermos,
me he recostado en el vientre del ser amado
    para ser acariciado.

Observé las estrellas fugaces y yo soy el fugaz.
Me rapé la cabeza con navajas finas y
sentí temblores en mis dos costados.

ÍNDICE